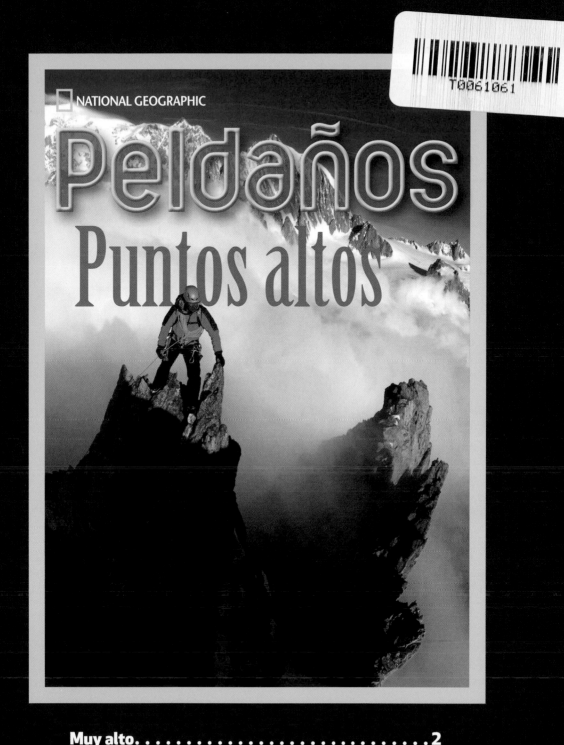

NATIONAL GEOGRAPHIC

Peldaños
Puntos altos

Muy alto

La tierra y el agua cubren el planeta Tierra. Las siete extensiones de tierra más grandes del planeta son los **continentes.** Hay quienes creen que las montañas son los lugares más increíbles en la tierra. El mayor desafío para un montañista es escalar las Siete **Cumbres:** la montaña más alta de cada continente.

Las Siete Cumbres + 1

MONTE McKINLEY o DENALI

Alaska, Estados Unidos
20,320 pies (6,194 metros)

Los montañistas y muchos otros llaman a esta montaña *Denali*. Eso significa "La alta" en idioma athabaska. Otros lo llaman monte *McKinley*.

CERRO ACONCAGUA

Argentina
22,834 pies (6,959 metros)

El Aconcagua es parte de la Cordillera de los Andes, la cordillera más larga del mundo. Su nombre puede provenir de las palabras *Ackon Cah*. Significa "Sentinela de piedra" en la lengua quechua.

MACIZO VINSON

Antártida
16,050 pies (4,892 metros)

Este pico se descubrió en 1935. Fue escalado por primera vez en 1966. Ya en 2012, aproximadamente 1000 escaladores lo habían desafiado. La mayoría lo hace de noviembre a enero, cuando es verano en la Antártida.

NORTEAMÉRICA

OCÉANO ATLÁNTICO

OCÉANO PACÍFICO

SUDAMÉRICA

MONTE ELBRUS

Rusia
18,510 pies (5,642 metros)

El monte Elbrus es parte de las montañas del Cáucaso. Junto a los montes Urales, forman la frontera entre Europa y Asia.

KILIMANJARO

Tanzania
19,340 pies (5,896 metros)

Kilimanjaro es un volcán extinto. Los montañistas pueden llegar a su cima por diferentes caminos. El clima varía de un camino a otro. La nieve y el hielo cubren algunas partes.

MONTE EVEREST

Nepal y China (Tíbet)
29,035 pies (8,850 metros)

El monte Everest tiene una **altura** mayor que cualquier otra montaña del mundo. Un lado de la montaña está en Nepal. El otro lado está en China (Tíbet).

PIRÁMIDE DE CARSTENSZ

Indonesia
16,024 pies (4,884 metros)

Según la mayoría de los montañistas, la pirámide de Carstensz es parte de Australia/Oceanía. Por lo tanto, los montañistas incluyen este pico como la séptima cumbre, no el monte Kosciuszko.

OCÉANO ÁRTICO

EUROPA

ASIA

OCÉANO PACÍFICO

ÁFRICA

OCÉANO ÍNDICO

AUSTRALIA y OCEANÍA

MONTE KOSCIUSZKO

Australia
7,310 pies (2,228 metros)

Para los montañistas, este pico es fácil de escalar. Esa es una razón por la que no la incluyen en su lista de las Siete Cumbres. En su lugar, escalan la pirámide de Carstensz.

ANTÁRTIDA

Puntos altos de EE. UU.

El lugar de cada estado con la mayor altura es el punto más alto del estado. Un punto alto puede ser una montaña alta o una colina baja. Aquí se mencionan los 50 puntos altos de los EE. UU., del más alto al más bajo.

Vermont
Monte Mansfield
4,393 pies (1.339 m)

Kentucky
Montaña Black
4,145 pies (1,263 m)

Kansas
Monte Sunflower
4,039 pies (1,231 m)

Carolina del Sur
Montaña Sassafras
3,564 pies (1.086 m)

Dakota del Norte
White Butte
3,506 pies (1,069 m)

Massachusetts
Monte Greylock
3,489 pies (1,063 m)

Maryland
Montaña Backbone
3,360 pies (1,024 m)

Pensilvania
Monte Davis
3,213 pies (979 m)

Arkansas
Monte Magazine
2,753 pies (839 m)

Alabama
Montaña Cheaha
2,413 pies (735 m)

Connecticut
Monte Frissell
2,380 pies (725 m)

Minnesota
Montaña Eagle
2,301 pies (701 m)

Michigan
Monte Arvon
1,979 pies (603 m)

Alaska
Monte McKinley/
Denali 20,327 pies
(6,196 m)

California
Monte Whitney
14,505 pies (4,421 m)

Colorado
Monte Elbert
14,440 pies (4,401 m)

Washington
Monte Rainier
14,411 pies (4,392 m)

Wyoming
Pico Gannett
13,809 pies (4,209 m)

Hawái
Mauna Kea
13,796 pies (4,205 m)

Utah
Pico Kings
13,528 pies (4,123 m)

Nuevo México
Pico Wheeler
13,161 pies (4,011 m)

Nevada
Pico Boundary
13,147 pies (4,007 m)

Montana
Pico Granite
12,807 pies (3,904 m)

Idaho
Pico Borah
12,668 pies (3,861 m)

Arizona
Pico Humphreys
12,633 pies (3,851 m)

Oregón
Monte Hood
11,249 pies (3,429 m)

Mapa

MAINE
MASS.
R.I.
CONN.
VT
N.H.
NUEVA JERSEY
DELAWARE
MARYLAND
N.Y.
PEN.
VIRGINIA
CAROLINA DEL NORTE
CAROLINA DEL SUR
V.O.
KENTUCKY
TENNESSEE
GEORGIA
FLORIDA
OHIO
INDIANA
MICHIGAN
WISCONSIN
ILLINOIS
IOWA
MISSOURI
ALABAMA
MISSISSIPPI
R. MISSISSIPPI
LOUISIANA
ARKANSAS
MINNESOTA
DAKOTA DEL NORTE
DAKOTA DEL SUR
NEBRASKA
KANSAS
OKLAHOMA
TEXAS
MONTANA
WYOMING
COLORADO
NUEVO MÉXICO
UTAH
NEVADA
IDAHO
ARIZONA
OREGÓN
WASH.
CALIFORNIA
APALACHES
ROCOSAS
SIERRA NEVADA
CORDILLERA DE LAS CASCADAS

ALASKA
CORDILLERA DE ALASKA
HAWÁI

● Punto más alto
de cada estado

4

Wisconsin
Colina Timms
1,951 pies (595 m)

Nueva Jersey
High Point
1,803 pies (550 m)

Missouri
Montaña Taum Sauk
1,772 pies (540 m)

Iowa
Hawkeye Point
1,670 pies (509 m)

Ohio
Colina Campbell
1,549 pies (472 m)

Indiana
Colina Hoosier
1,257 pies (383 m)

Illinois
Montículo Charles
1,235 pies (376 m)

Rhode Island
Colina Jerimoth
812 pies (247 m)

Mississippi
Montaña Woodall
807 pies (246 m)

Louisiana
Montaña Driskill
535 pies (163 m)

Delaware
Ebright Azimuth
448 pies (137 m)

Florida
Colina Britton
345 pies (105 m)

NIVEL DEL MAR
Si decimos que una montaña mide 535 pies de altura, queremos decir que es 535 pies más alta que el **nivel del mar,** o el nivel del océano.

Edificio Empire State
1,250 pies (381 metros)

PUNTOS ALTOS BAJOS
¡Los puntos altos de algunos estados son muy bajos! De hecho, el edificio Empire State tiene una mayor altura que algunos puntos altos.

Colina Britton, FL | **345 pies**

Ebright Azimuth, DE | **448 pies**

Montaña Driskell, LA | **535 pies**

Colina Jerimoth, RI | **812 pies**

Montículo Charles | **1,235 pies**

Nivel del mar

Texas
Pico Guadalupe
8,751 pies (2,667 m)

Dakota del Sur
Pico Harney
7,244 pies (2,208 m)

Carolina del Norte
Monte Mitchell
6,684 pies (2,037 m)

Tennessee
Domo Clingmans
6,643 pies (2,025 m)

Nueva Hampshire
Monte Washington
6,288 pies (1,917 m)

Virginia
Monte Rogers
5,729 pies (1,746 m)

Nebraska
Punto Panorama
5,424 pies (1,653 m)

Nueva York
Monte Marcy
5,344 pies (1,629 m)

Maine
Monte Katahdin
5,270 pies (1,606 m)

Oklahoma
Black Mesa
4,973 pies (1,516 m)

Virginia Occidental
Spruce Knob
4,863 pies (1,482 m)

Georgia
Brasstown Bald
4,784 pies (1,458 m)

GÉNERO Narrativa personal

Lee para descubrir sobre el objetivo de Matt y cómo lo consiguió.

La expedición 50 50 50

por Matt Moniz

"50 estados,
50 puntos altos,
50 días".

Así es como Matt Moniz, de
12 años, describió la expedición
que comenzó en mayo de 2010
con su padre Mike y un equipo de
montañistas. ¿Su objetivo? Escalar
50 puntos altos: el punto más alto de
cada uno de los 50 estados, y hacerlo en
50 días o menos. Este es el relato de Matt
sobre la expedición. Comienza con el punto
más difícil: Denali.

Denali

La nieve chirriaba fuerte cuando los crampones dentados de mis botas se aferraban a la nieve en High Camp. Todo parecía moverse en cámara lenta mientras mi cuerpo se adaptaba al oxígeno limitado a 17,000 pies sobre el **nivel del mar**. Habíamos escalado más de una semana. Ahora estábamos en la última parada nocturna antes de la parte final de nuestra escalada a la **cumbre**. Casi a las 8 p. m. el sol todavía estaba en lo alto del cielo boreal. Teníamos trabajo importante que hacer antes de poder descansar por la noche. —Matt, apila estos bloques de nieve en el lado izquierdo de la tienda— gritó mi padre por sobre los vientos estridentes. Los bloques de nieve protegerían nuestra tienda de los vientos extremos. Una hora después me acurruqué en mi saco de dormir y el iPod ahogó el sonido de la tienda que cascabeleaba mientras me quedaba dormido.

Me desperté y me sorprendió el silencio. ¿Sería el día de hacer cumbre? Le grité a nuestro guía Jacob: —¿Vamos? —Me respondió: —Sí, el tiempo se ve bien para las próximas 12 horas. —Si íbamos a cumplir nuestro objetivo, teníamos que ponernos en marcha... ¡ahora!

Podía ver la cuerda estirarse mientras Jacob subía por los campos de nieve hacia el paso Denali. Escalábamos una sección difícil con cuerda. Los gruesos mitones me dificultaban enganchar mi mosquetón a la cuerda de seguridad, pero mis esperanzas de llegar a la cima crecían. Progresábamos bien. Los vientos eran suaves y las temperaturas eran sorprendentemente cálidas. Mi única preocupación eran las nubes que se formaban a la distancia, que a veces pueden significar que el tiempo está empeorando.

En las horas siguientes escalé el terreno más alto de Norteamérica. Contemplé la reluciente nieve y las torres de roca que se elevan del glaciar sobre el que caminábamos.

"Ya casi estamos allí", pensé, preguntándome si realmente llegaríamos a la cima. Finalmente, estábamos en el risco angosto que llevaba a la cumbre. El terreno, parecido a un cuchillo, era hipnótico.

Justo adelante, vi banderas de oración tibetanas y supe que habíamos llegado a la cumbre. Conté mis pasos finales: uno, dos, tres. Luego estaba sentado en la punta de dos por dos pies de los Estados Unidos. Era el 3 de junio de 2010 a las 12:04 p. m. en Alaska. La cuenta regresiva en mi intento de llegar al punto más alto de cada uno de los 50 estados en 50 días o menos había comenzado. Habíamos cumplido nuestro primer objetivo. ¡La expedición 50-50-50 se había inaugurado oficialmente!

Este gancho se llama mosquetón. Es una de las tantas partes del equipo que se usa en la expedición.

Al escalar el risco de la cumbre de Denali, supe que la cima estaba al alcance.

Papá y yo en la cumbre de Denali

El siguiente gran desafío

El pico más alto de Norteamérica y los Estados Unidos ya estaba detrás de nosotros. A continuación nos enfrentaríamos a los dos picos más altos de los **48 estados contiguos**. Si podíamos escalarlos en un buen tiempo, tendríamos una buena probabilidad de hacer 50-50-50. Pero primero, una rápida caminata subiendo el pico Boundary de Nevada... o eso pensábamos.

Resulta que estábamos exhaustos por Denali. Eso fue evidente cuando subía con esfuerzo el pico Boundary. Subir caminando por pendientes cubiertas con roca suelta fue un desafío, por lo tanto, subí con dificultad en cuatro patas. Llegamos a la cumbre, luego descendimos a descansar. En solo nueve horas estaríamos en el gigante de granito de 14,505: el monte Whitney.

4:08 PM

del 7 al 11 de junio

HOJA DE RUTA

Número de escalada	Punto alto	Estado
2	Pico Boundary	Nevada
3	Monte Whitney	California
4	Monte Elbert	Colorado

Cerca de la cumbre del monte Whitney, la vista de la Sierra Nevada era maravillosa.

La Sierra Nevada

A las cuatro de la mañana, desperté y observé las estrellas sobre el monte Whitney. El mayor desafío no fue caminar durante horas a través de bosques y ríos. Fue la nieve profunda que por momentos cubría nuestras mochilas. Finalmente llegamos a un camino rocoso que llevaba a la cumbre. Pero la mejor parte del viaje fue el **descenso**. Saltamos en el tobogán de nieve más largo del mundo y bajamos casi 1,000 pies de nieve deslizándonos en solo unos cuantos minutos.

La siguiente escalada fue especial porque fue en el estado donde vivo y dos amigos se nos unieron. Desde la cumbre del monte Elbert, la vista de Colorado era interminable.

El país de las maravillas

Los días siguientes viajamos a través de ocho estados. Primero, en Nuevo México, estaba el monte Wheeler. Es cerca del hogar de la antigua tribu Pueblo y el pueblo Taos. Tormentas precoces durante la escalada nos obligaron a esperar debajo de las piñas de pino de pinos longevos. La tormenta pasó rápidamente y ascendimos a la cumbre mientras observábamos el lago Blue allí abajo. Ahora con cinco picos a nuestro haber, los próximos cinco eran bastante fáciles, así que teníamos tiempo de disfrutar la vista.

A continuación, fuimos en carro hacia el Norte, cruzamos las grandes planicies de Black Mesa, el punto alto de Oklahoma, a través de las Badlands de Dakota del Sur hasta White Butte, en Dakota del Norte. ¡En el camino desafiamos los puntos altos de Kansas y Nebraska!

Unos amigos subieron caminando unos puntos altos cerca de Colorado, el estado donde vivo. Aquí estamos en el monte Wheeler, en Nuevo México.

Black Mesa, California

Un miembro del equipo, Joel, y yo firmamos el libro de visitas del monte Sunflower, Kansas... ¡en la oscuridad!

Viajamos en avión y camioneta a Arizona y Texas. El pico Humphreys es una montaña desierta justo al norte de Flagstaff, Arizona. En su cumbre nos recibieron tantos insectos que apenas pudimos tomar fotos. Luego, estuvimos en las montañas del Parque Nacional Guadalupe, Texas. Para evitar el calor intenso, comenzamos nuestra escalada mucho antes del amanecer. Las plantas junto al camino me sorprendieron. Una era un árbol con una corteza rojiza suave llamado madroño de Texas. ¡Parecía algo de *Alicia en el país de las maravillas*!

Mientras papá y yo escalábamos, el resto del equipo se fue en la camioneta para reunirnos en Texas. Allí es donde partiríamos para el siguiente tramo del viaje.

Madroño de Texas

del 12 al 15 de junio

HOJA DE RUTA

Número de escalada	Punto alto	Estado
5	Pico Wheeler	Nuevo México
6	Black Mesa	Oklahoma
7	Monte Sunflower	Kansas
8	Punto Panorama	Nebraska
9	Pico Harney	Dakota del Sur
10	White Butte	Dakota del Norte
11	Pico Humphreys	Arizona
12	Pico Guadalupe	Texas

Nieve en el Sur

A una **altura** de solo 535 pies, la montaña Driskill de Louisiana no era un desafío en absoluto. ¡El desafío eran los feroces insectos que picaban! Después de aplicar loción a las picaduras, condujimos hacia el Norte por las montañas Ozark de Arkansas y Missouri. Observé un océano ondulante de árboles. Los colores estaban vivos. Después de una cómoda caminata a la cima del monte Magazine, nos detuvimos a desayunar en un restaurante sureño. La gente era amistosa y nos invitaba a recorrer la granja de su familia.

Tachamos el punto alto de Missouri de nuestra lista y nos encaminamos al Sur a través del delta del Mississippi. Estaba dormitando en la camioneta y cuando nos aproximábamos al monte Woodall me desperté confundido. "¿Eso es nieve?", me pregunté, pero no era nieve. Los faros iluminaban una ventisca de polillas. Solo unas semanas antes había estado en nieve de verdad. Había estado a casi 20,000 pies más alto y más de 100 grados menos, ¡todo en el mismo país!

Un punto de referencia como este marca la cumbre de la mayoría de los puntos altos. Este punto de referencia está en la cima del monte Magazine, Arkansas.

Número de escalada	Punto alto	Estado
13	Montaña Driskill	Louisiana
14	Monte Magazine	Arkansas
15	Montaña Taum Sauk	Missouri
16	Montaña Woodall	Mississippi

del 16 al 17 de junio

UNT MAGAZINE
SIGNAL HILL
HIGHEST POINT
IN ARKANSAS
ELEVATION 2,753 FEET

Pusimos muchas millas en la camioneta en la carrera para lograr nuestro objetivo.

¡La parte trasera de la camioneta era un buen lugar para descansar!

Un montón de estados

Había lluvia, lluvia y más lluvia en el Noreste. El agua bajaba a borbotones por el camino rocoso del monte Mansfield, Vermont.

Las montañas Apalaches se extienden desde Alabama hasta Maine. El camino de los Apalaches, de 2,181 millas de largo, conecta 14 estados a lo largo de la cadena montañosa. Los visitaríamos a todos y más.

Teníamos escaladas difíciles en esta parte del viaje. Un **ascenso** en una noche tormentosa en el monte Frissell de Connecticut fue como escalar un río. La linterna de mi casco apenas podía atravesar la lluvia y la niebla. En Nueva York, el monte Marcy también fue un desafío. El avance largo y barroso hizo que esta escalada fuera difícil.

El monte Washington, conocido por su tiempo extremo, no me defraudó. De hecho, ¡casi me vuela de la cima! El viento soplaba tan fuerte que lo único que pude hacer fue reír.

En el monte Katahdin, conocí a un hombre que acababa de recorrer el camino de los Apalaches caminando. ¡Quedé impactado!

La foto en Katahdin muestra parte del equipo que hizo que mi expedición fuera posible. Los miembros del equipo que nos acompañaron en otras partes del viaje incluyeron a los escaladores Charley Mace (monte Everest, K2, Siete Cumbres) y Brian Stevens, los pilotos John Shoffner y Russ Betcher, el doctor Dan Busse y muchos amigos.

Los miembros del equipo, de izquierda a derecha:
Ben Thomas (encargado de filmación), David Holmberg
(escalador), Joel Gratz (meteorólogo), Mike Moniz
(mi papá), yo

del 18 al 26 de junio

HOJA DE RUTA

Número de escalada	Punto alto	Estado
17	Montaña Cheaha	Alabama
18	Colina Britton	Florida
19	Brasstown Bald	Georgia
20	Montaña Sassafras	Carolina del Sur
21	Monte Mitchell	Carolina del Norte
22	Monte Rogers	Virginia
23	Montaña Black	Kentucky
24	Domo Clingmans	Tennessee
25	Spruce Knob	Virginia Occidental
26	Montaña Backbone	Maryland
27	Monte Davis	Pennsylvania
28	Ebright Azimuth	Delaware
29	High Point	Nueva Jersey
30	Monte Frissell	Connecticut
31	Monte Greylock	Massachusetts

del 18 al 26 de junio

HOJA DE RUTA

Número de escalada	Punto alto	Estado
32	Monte Marcy	Nueva York
33	Monte Mansfield	Vermont
34	Monte Washington	Nueva Hampshire
35	Monte Katahdin	Maine
36	Colina Jerimoth	Rhode Island

¡Aviones, bicicletas y más caminatas!

Sin ninguna cadena montañosa que seguir, dejamos la camioneta y nos elevamos al cielo para enfrentarnos a la región de los Grandes Lagos. En Illinois, aterrizamos en una pista de aterrizaje abandonada rodeada de maizales. Inmediatamente preparamos nuestras bicicletas para un paseo de ocho millas al montículo de Charles. Un engranaje de bicicleta atascado y el aire caluroso y húmedo hicieron que me preguntara si no prefería estar en la parte trasera de la camioneta. Pero pronto me estaba relajando en un banco y admirando el paisaje que había abajo.

—Oye, Matt, cuidado con los venados— gritó John, nuestro piloto, en una pista de aterrizaje de Wisconsin.

Estaba disfrutando la rutina de volar y escalar. Disfruté especialmente volar a través del Lago Superior desde Michigan hasta Minnesota porque ayudé a pilotear el avión. Desde la cabina podía ver al Norte, Canadá. "Vaya" pensé, "hace diez días miraba México hacia el Sur".

Viajar en la cabina fue emocionante. ¡Era un tipo de punto alto diferente!

Perdiz charra

La mayoría de los recorridos en esta región fueron fáciles, excepto la montaña Eagle. El camino serpentea a través de las Boundary Waters de Minnesota. Pude ver por qué los canoístas aman este lugar. Pero un residente no fue tan acogedor: un ave del tamaño aproximado de un pollo, llamada perdiz charra. Arremetió contra mí para recordarme que este era su territorio. Finalmente se calmó cuando tomé otra ruta.

El punto alto de Iowa está decorado con un mosaico. Los carteles apuntan a lugares de todo el mundo.

del 26 al 28 de junio

HOJA DE RUTA

Número de escalada	Punto alto	Estado
37	Montículo Charles	Illinois
38	Colina Timms	Wisconsin
39	Monte Arvon	Michigan
40	Montaña Eagle	Minnesota
41	Punto Hawkeye	Iowa
42	Colina Hoosier	Indiana
43	Colina Campbell	Ohio

Montañismo real

Con el Medio Oeste atrás, volvíamos al montañismo real. El primero en la lista era el monte Rainier, en Washington. Este gigante de 14,000 pies es uno de los puntos altos más difíciles de los Estados Unidos. Rainier tiene 26 glaciares importantes y es un volcán activo. Nuestra ruta nos llevaría a subir el lado este del glaciar Ingraham. Dos difíciles días después llegamos al borde del cráter de Rainier. Este era el obstáculo final antes de la cumbre. Mi nariz ardía por el olor a azufre que salía del volcán. "¡Sí!", grité en la cima.

La segunda escalada fue el monte Hood de Oregón, que proyectaba una sombra con forma de pirámide. Desde el pico de Hood podía ver las montañas volcánicas del Cinturón de Fuego del Pacífico: el monte St. Helens, el monte Rainier y el monte Adams. Esta sería una de mis escaladas favoritas.

Usé una tabla de nieve para descender rápidamente por el monte Hood.

Incluso en el nevado monte Rainier, dentro de la tienda de campaña, era acogedor.

Cuando llegamos a Utah, nos quedaban solo cinco picos, pero cuatro de ellos serían largos, técnicos y difíciles. Cualquiera de ellos podía terminar con la expedición. A las 11 p. m., nos detuvimos en la base del pico Kings. Nuestro espíritu se hundió cuando vimos un cartel que decía que el puente principal se había destruido. Nos desviamos tres millas para hallar una sección poco profunda del río y cruzar. Luego, caminamos de noche y nos detuvimos a descansar a las 6 a. m.

—Matt, hora de levantarse —llamó Ben, y abrí los ojos para ver un colorido cielo matutino.

Mi siesta de una hora en la alta cuenca alpina del pico Kings ayudó, pero todavía estaba cansado. De todos modos, me levanté y a las 11 a. m. llegamos a la cima. En el descenso, mosquitos sedientos de sangre nos mantuvieron moviéndonos rápidamente para completar el viaje de 32 millas en aproximadamente 20 horas.

Aquí estoy durmiendo la siesta, camino a la cumbre del pico Kings.

del 2 al 4 de julio

HOJA DE RUTA

Número de escalada	Punto alto	Estado
44	Monte Rainier	Washington
45	Monte Hood	Oregón
46	Pico Kings	Utah

El gran final

—Buenos días, Dora —dije mientras le daba palmadas a mi nueva compañera cuadrúpeda de escalada. Montar a caballo parecía perfecto en el occidental estado de Wyoming. Observé el horizonte escarpado de la cordillera Wind River y supe que iba a participar de una larga escalada nocturna.

—¿En qué pico estamos, Matt? —me preguntó mi papá cuando llegamos a la cumbre nevada.

—El número 57. ¡Dos más y luego a Hawái! —le respondí a los gritos.

Se rió y dijo: —¿Desde cuándo hay 57 estados? —Se notaba que yo estaba cansado.

Los acantilados empinados cubiertos con esquisto en el pico Borah de Idaho me recordaron las escamas del lomo de un dragón. Me alegré de rematar a ese monstruo. Quedaban dos más. Aunque solo un problema: el pico Granite.

Unos cuantos días antes habíamos oído informes de que la nieve profunda haría difícil escalar el pico Granite. Desde nuestro campamento, pude ver que los informes eran acertados. A las 5 a. m. la tienda comenzó a rasgarse con el viento, así que papá llamó a Joel, nuestro meteorólogo. ¡Estábamos tan cerca y ahora pasaba esto! Joel nos aseguró que la tormenta iba a amainar. Un poco más tarde no podía encontrar una nube en el cielo de Montana o sentir el viento. ¡Joel tenía razón!

Ese día puse a prueba mis destrezas de escalada. Cientos de pies de acantilados verticales y angostos puentes de nieve no dejaron dudas de que solo Denali era más difícil. "¡Cuarenta y nueve, SÍ!", grité desde la cima de Granite.

¡Me gustó descansar las piernas y dejar que Dora hiciera el trabajo!

—¡Matt, despierta! —susurró mi hermana Kaylee.

—¿Dónde estoy? ¿Qué montaña sigue? —me pregunté, medio dormido. —Luego recordé. ¡LO LOGRAMOS! Estábamos en Hawái. El día anterior, Kaylee y mi mamá se reunieron con papá y conmigo para caminar hasta el pico número 50, Mauna Kea. Logramos nuestro objetivo y también establecimos un récord. ¡Escalamos los 50 picos en 43 días, 3 horas y 51 minutos!

Finalmente llegamos al pico número 50, Mauna Kea.

del 9 al 16 de julio

HOJA DE RUTA

Número de escalada	Punto alto	Estado
47	Pico Gannett	Wyoming
48	Pico Borah	Idaho
49	Pico Granite	Montana
50	Mauna Kea	Hawái

Compruébalo ¿A qué desafíos se enfrentó Matt mientras alcanzaba su objetivo?

El relato de Kaylee

escrito e ilustrado por

Soy Kaylee, la hermana melliza de Matt. A mí también me gustan las actividades al aire libre. Soy **esquiadora de estilo libre** y también he escalado montañas, incluido el Kilimanjaro. Tiene la altura más elevada de África. También he escalado muchas montañas con una altura superior a los 14,000 pies sobre el **nivel del mar.** Tengo una discapacidad auditiva, ¡pero eso no me impide tener aventuras al aire libre!

CONGRATULATIONS
YOU ARE NOW AT
UHURU PEAK, TANZANIA, 5895M AMSL
AFRICA'S HIGHEST POINT
WORLD'S HIGHEST FREE-STANDING MOUNTAIN
ONE OF WORLD'S LARGEST VOLCANOES
WELCOME

Matt y yo escalamos el Kilimanjaro cuando teníamos 10 años. Tengo el récord de la mujer más joven en llegar a la cumbre.

Iain y Matt

Leíste el relato de Matt sobre la expedición 50-50-50. Yo tenía otros planes, por eso no fui a la expedición, pero sé mucho sobre ella. Este es mi relato de la expedición de Matt que rompió un récord.

El objetivo principal de Matt era escalar el punto más alto de cada uno de los 50 estados en 50 días o menos. Otro objetivo era concientizar sobre la hipertensión arterial pulmonar, o HAP. Es una enfermedad que afecta a su amigo Iain. Cuando Iain está activo, puede quedarse sin aliento y sentirse cansado y mareado. Los **montañistas** suelen sentirse de la misma manera a grandes alturas, por lo tanto, tienen idea de lo que es tener HAP.

Preparación para el viaje

La primera escalada de Matt, Denali, sería larga y accidentada. Matt llevaría una mochila con 50 a 60 libras de provisiones, entre ellas, un saco de dormir, equipo de cocina y alimentos. También llevaría un trineo con aproximadamente 40 libras de equipo. Matt entrenó para desarrollar **resistencia,** fuerza y equilibrio. Cargaba una mochila de 50 libras llena con jarras de agua.

> Un galón de agua pesa un poco más de 8 libras. Por lo tanto, cargar una mochila de 50 libras es como llevar unos 6 galones de agua. (8 × 6 = 48)

> Mi mamá y yo le dimos a Matt un regalo para que llevara en el viaje. Era liviano y también práctico. Lo ayudó a sostener sus pantalones.

Nuestro patio está en la ladera de una montaña, y Matt la escaló usando la mochila cargada. A veces perdía el equilibrio. A ti también te sucedería si subieras una montaña con una mochila de 50 libras. Imagina que te levantas del suelo con todo ese peso en tu espalda.

Matt también trotó ida y vuelta por el camino que está delante de nuestra casa... ¡con la mochila puesta! A veces, algunos amigos y yo nos uníamos a él para apoyarlo.

Comer, dormir, escalar, conducir

Matt y papá partieron a Denali en mayo. Matt y yo nos mensajeábamos cada dos días aproximadamente, en especial cuando iban conduciendo, y eso fue gran parte del tiempo. Después de escalar el monte Elbert, establecieron una rutina: comer, dormir, escalar, conducir, comer, dormir, escalar, conducir. ¡Y lo volvían a hacer!

Pasé parte del verano en un campamento natural en Wyoming. Llovió mucho e incluso nevó, por lo tanto, mi tienda y todo lo que había en ella se mojó. Matt y papá estaban cerca, escalando el pico Harney en Dakota del Sur. "También deben tener frío y estar mojados", pensé. Más tarde estarían en Wyoming. Deseé estar allí para esa parte del viaje, ya que incluía una cabalgata.

Pensé que escalaría con Matt y papá cuando no estuviera ocupada, pero no resultó. Iban muy rápido de estado en estado y sus planes cambiaban mucho. A veces su cronograma era descabellado, como en el pico Guadalupe, en Texas. Llegaron a la **cumbre** a las 5:54 a. m. ¡Deben haber comenzado a escalar realmente temprano! Pero eso fue fácil en comparación con el pico Kings, en Utah, en donde escalaron toda la noche.

¡Uff!

Me enteré en la mitad de la expedición de que finalmente haría una de las escaladas: el punto alto final, Mauna Kea. Cuando nos reunimos para la escalada, Matt se veía algo diferente de cuando se fue de casa. Su cabello estaba más largo. Usaba bloqueador solar, pero debe haber omitido algunos puntos, ya que parte de su piel estaba quemada por el sol y se le desprendía parte de la piel. También actuaba diferente. Si no nos vemos por un tiempo, siempre es más simpático conmigo... y así fue en Hawái.

Mamá tomó la foto. Matt, papá y yo dijimos "¡achís!".

Mauna Kea no era tan difícil de escalar como algunas de las otras montañas que he escalado antes. Fue más una caminata que una escalada. Había viento y todos tenían frío, menos yo.

La expedición se terminó oficialmente cuando llegamos a la cumbre de Mauna Kea. Matt y papá habían caminado más de 300 millas, conducido más de 15,000 millas, volado cientos de millas y montado bicicleta y caballo. Habían hecho todo eso en solo 43 días. ¡No es de extrañar que Matt estuviera tan cansado cuando llegamos a casa. ¡Uff!

Compruébalo   ¿Qué pensamientos y observaciones tuvo Kaylee sobre la expedición?

Comenta   Comparar e integrar información

1. ¿Cómo te ayudó el mapa y la demás información de "Muy alto" a comprender las otras dos lecturas de este libro? Explica tu respuesta.

2. Escoge un punto alto. Escribe qué aprendiste sobre él en "Muy alto" y "La expedición 50-50-50". Cuéntale la información a un compañero.

3. ¿Cómo se organiza el relato de primera mano de Matt? Compara esto con la organización del relato de segunda mano de Kaylee. ¿En qué se parecen y en qué se diferencian los relatos?

4. ¿Qué información incluye Kaylee en su relato de segunda mano que no incluye Matt en su relato de primera mano?

5. ¿Qué te sigues preguntando sobre la expedición 50-50-50?